다시 봄을 기다리며

이선미 디카시집

시와사람

이선미 디카시집

다시 봄을 기다리며

2023년 3월 20일 인쇄
2023년 3월 30일 발행

지은이 | 이 선 미
펴낸이 | 강 경 호
발행처 | 도서출판 시와사람
등 록 | 1994년 6월 10일 제 05-01-0155호
주 소 | 광주시 동구 양림로119번길 21-1(학동)
전 화 | (062)224-5319
E-mail | jcapoet@hanmail.net

ISBN 978-89-5665-666-3 03810

값 15,000원

· 잘못된 책은 구입하신 서점에서 바꾸어 드립니다.

공급처 ■ 한국출판협동조합
경기도 파주시 적성면 적성산단3로 10 (적성일반산업단지 내)
주문전화 (02)716-5616, 070-7119-1740

ⓒ 이선미, 2023
이 책의 저작권은 저자에게 있습니다.
저작권에 의해 보호를 받는 저작물이므로
저자의 허락 없이 무단 전재와 복제를 금합니다.

다시 봄을 기다리며

시인의 말

 어느 날 길을 가다가 마주친 풍경에서 시적 영감을 얻은 후부터 사진을 찍고 바로 그 자리에서 느낌을 시로 형상화시켜 디카시집을 펴내게 되었다. 그러다 보니 늘 나의 휴대폰으로 사물을 포착해 시를 쓰다보니 그 재미가 쏠쏠하다.
 디카시집으로는 처음 펴내는 것이어서 미흡한 부분이 많겠지만, 사진의 기호와 시의 기호가 함께 어우러지는 원시적인 언어에 대한 생각이 많아진 요즘이다. 사진이미지가 사진작가의 작품이 아니어서 약간은 서툴고 세련되어 보이지는 않지만, 나의 내면에 깃든 시적 영감을 끌어올린 것이어서 독자들에게 생생하게 전달되기를 바란다.
 오랜만에 펴내는 시집이어서 그동안 내가 어떤 생각을 하고 살았는지를 보여주는 안부편지 쯤으로 이 책을 읽어주면 고맙겠다.

2023. 3월
이선미

다시 봄을 기다리며/ 차례

시인의 말 · 12

제1부

물 속의　12
생명의 기적　14
소나기 그친 뒤　16
해가 되다　18
성채　20
다시 봄을 기다리며　22
언덕 위의 교회　24
성산일출봉　26
녹슬어가는 문명　28
개화　30
할머니들　32
대흥사에서　34
하늘 아래에서　36
무등을 바라보며　38

제2부

42 갈증
44 고목 아래에서
46 봄날
48 붉어지다
50 할머니의 주머니
52 너에게로 가는 길
54 강가에서
56 쓰러진 碑
58 거울
60 원앙이 한 쌍
62 생명
64 가을에
66 자세히 들여다보면
68 푸른 봄날

제3부

오후 3시에서 4시 사이 72

봄볕 아래 74

생을 위로하다 76

썰물의 바다 78

노랗다 80

길을 찾아서 82

치자꽃 향기 84

강물을 바라보다 86

어둠 속에서 88

난민 90

사랑에게 92

쓰레기가 된 말 94

잠시 96

풍경 98

제4부

102 너에게 위로받고 싶다
104 빈 그릇
106 참 다행이야
108 주차금지
110 인생이여
112 누군가 다녀갔다
114 포로
116 겨울 남광주 시장에서
118 별
120 길
122 침묵으로
124 날이 갈수록
126 꽃길을 노래하며
128 용산역에서

제1부

바위 틈을 지나다가
햇빛이 그리워
나도 해가 되어 보는거다

물 속의

저 물 속의 꿈틀거리는 것들 좀 보아

저 물 속의 반짝이는 황금들을 보아

황금의 옷을 입고

온 몸으로 노래하고 춤추는 것들을

생명의 기적

온기를 찾아

서로의 품에 기어들어가는 꼬물이들

살아서 숨쉬는 생명의 기적이여

소나기 그친 뒤

상류의 실금처럼 흐르는 것들도
품이 넓어지는 하류에 이르지만
성난 마음은 넓은 품도 넘쳐
노도처럼 휩쓸어 가는데

해가 되다

바위 틈을 지나다가

햇빛이 그리워

나도 해가 되어 보는거다

성채

오래된 성(城) 한 채
성긴 가지 지상에 드리우고
성긴 뿌리 하늘에 드리웠는데
세월의 바람에 스치우고 있다

다시 봄을 기다리며

무성했던 날의 푸르름도 지나고
늦가을, 제 몸마저 버린 채
야위어 말라가는 생의 끄트머리에서
또다시 지난 계절의 뜨거움과
운동장 가득한 환호를 꿈꾼다

언덕 위의 교회

모두가 떠나버린
바람 부는 언덕,
길은 집으로 가고
찬송가 소리 하늘로 이어지는,

성산일출봉

잔뜩 흐린 날
겨우 육지를 붙잡으며
발버둥 치는
짐승 한 마리

녹슬어가는 문명

한때 땅을 헤집던
문명의 칼날 숲속에 버려져
새가 되고 있다
나무가 되고 있다

개화

노란 마음 한 포기
꽃대를 밀어 올리자
꽁꽁 언 날이 풀리고
담장 아래
화사한 봄손님이 왔다

할머니들

아직 힘이 넘치는 할머니들
산을 넘어가다가
한무더기로 모여 앉아
청춘을 얘기하는데

아직 입술의 립스틱이 빨갛다

대흥사에서

바람이 불어온다

그 옛날 차를 달이던
초의선사의 목소리도
들려온다

모두 法文이 되었다

하늘 아래에서

바벨탑처럼 치솟는
탐욕도
하늘 아래 사람의 일

먹구름이
그걸 씻으려는가 보다

무등을 바라보며

길가다 눈을 드니
문득 커다란 마음이
내 어깨를 다독이며
기죽지 말고 살아라
하는 것 같다

제2부

모처럼 강물소리도 잔잔한 날
설레는 마음으로
은하강 건너는 가쁜 발길

갈증

갈증나는 갑다
거대한 공룡 한 마리
엎드려 물을 마시고 있다

生은 늘 허기진 것이어서
바다조차 옹달샘일지니

고목 아래에서

수백 살 된 어르신들이
그 앞에서 폼 잡고 사진 찍을 때

시간은 순간이다
인생도 찰나라고
말씀하시는 것 같다

봄날

보리모개 피는 봄날
푸르름이 한창이다
그러나 그 푸르름도 잠시
계절은 순간이어서
곧 황혼의 날이 올지니

붉어지다

붉어진다는 것은 뜨겁다는 것,

아니다
가장 차가운 정신으로
견고한 마음을 드러내는 것,

그 마음이 뜨겁다

할머니의 주머니

저세상 떠난 우리 할머니
분홍빛 주머니 꿰어차고
정원 한 귀퉁이에 왜 오셨나

손녀딸이 안 잊혀
용돈 주러 오셨겠지

너에게로 가는 길

아득하고 먼 길
징검다리 건너는 길
모처럼 강물소리도 잔잔한 날
설레는 마음으로

은하강 건너는 가쁜 발길

강가에서

하루 종일 무얼 바라보나

삶은 쉽지 않은 사냥
무엇인가를 노려보는 것이
모두가 목숨을 거는 것인 것을

쓰러진 碑

비(碑)가 쓰러진다는 것은
누군가의 일생이
가뭇하게 잊혀진다는 것
어디선가에서
비 쓰러지는 소리 들린다

거울

아무도 없는 날
완전 범죄 할지라도
마음속에 제각기 하나씩 갖고 있는
거울을
속일 수가 없다

원앙이 한 쌍

겨울 강에 제 물그림자와 노는
물오리 한 쌍
생의 수위에서
잠시 뜨거운 사랑이 넘실거리는데

곧 봄이 오겠다

생명

연약하지 않다
견고한 벽을 뚫는
강철같은 생명은
부드러운 칼이다

가을에

불[火]만이 뜨거운 것이 아니다
지난 겨울부터 가을까지
눈과 비, 그리고 태풍과
뙤약볕으로 그을린
형형색색의 마음아,

자세히 들여다보면

눈과 입, 그리고 코가 예쁘다

가만히 귀기울여 들어보니
세상에서 가장 부드럽고 향기로운 말
그것을 바라보는 동안
모두가 꽃이 된다

푸른 봄날

바람이 지나가는 소리
햇살이 나뭇잎에 볼 비비는 소리
그 신록의 그늘 아래로부터
물관을 타고 오르는 물소리

소리 없는 봄날의 아우성

제3부

가도가도 길을 찾아가는 길
길을 내며 가는 길
이제 얼마를 더 가야 하는가

오후 3시에서 4시 사이

무성했던 푸르름이 잘 숙성되어
눈부시게 아름다운 황금의 시간

이 풍경을 오래 만끽하고 싶다

정오도 아니고 저녁도 아닌
한가로운 풍경이 아름다운 시간

봄볕 아래

고양이 털처럼 부드러운 봄볕 아래
우리 일가 한나절이 꿈결같다
호랑이보다 더 무서운 허기
한끼 배부르게 먹으니
나른한 잠이 쏟아진다

생을 위로하다

꽃이 되어본 적이 없다
병들어 외롭고 쓸쓸할 때
사랑이 미치도록 그리울 때

내 生을 축하하는 꽃 앞에서
나는 처음으로 꽃이 된다

썰물의 바다

썰물이 다녀간 뒤
벌거벗은 여인이 누워있다
곧 치고 올 또다른 사내의 손길이 두려워
여인은 온 몸을 떨며
끙끙 신음을 하고 있다

노랗다

길가에 앉아
노란 웃음 짓는
말소리도 노랗고
향기도 노란
제 그림자와 노는 아이들

길을 찾아서

길은 뱀꼬리처럼
숲속으로 사라졌다
가도가도 길을 찾아가는,
길을 내며 가는 길
이제 얼마를 더 가야 하는가

치자꽃 향기

새하얀 향기가
독한 술처럼 어지럽게 한다
벌 나비도 취해 쓰러지고
싱그러운 초록의 독기가 이성을 마비시키는
무성한 밀림의 한때

강물을 바라보다

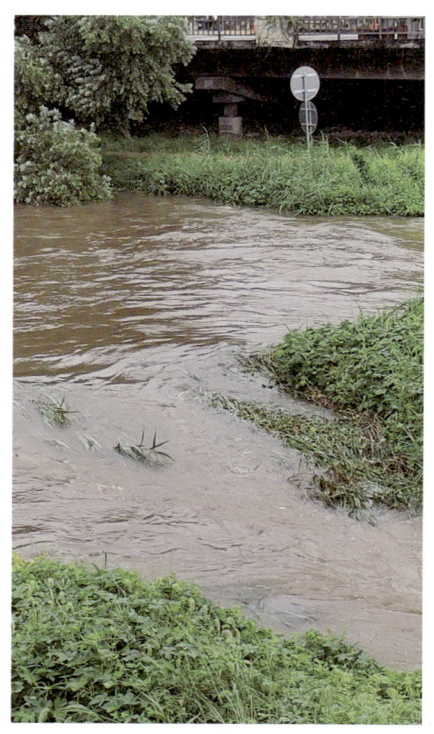

노도처럼 휩쓸고 가는
저 힘찬 생명의 물결,
마침내 평등의 바다에 닿는
강의 근원을 찾아가 본 적 있는가
가느다랗게 흘러내리는 작은 샘인 것을

어둠 속에서

어두울수록 깨어나는
붉고 둥근 마음,
내가 언제 그래본 적이 있나
두근거리는 심장,
처음으로 빛나는 청춘이여

난민

독을 풀어 놓은 강물에 하얀 거품이 일고
원자력 발전소가 폭발한 한낮,
아직 중천에 해가 한창인데
어디로 가야 하나, 한 떼의 난민들
한때는 평화를 노래하던 천사들이여

사랑에게

그대, 사랑을 꿈꾸는가
봄날 희디 흰 미소로 건네주던
저 침묵의 밀어,
온몸이 무장무장 뜨거워져

사랑이여, 세상 불 밝히는 사랑이여

쓰레기가 된 말

젊은 날 무성했던 말
훌훌 털어버리니
가루가 되는 쓰레기

이제 내가 뱉어낸 말들
쓸어야겠다

잠시

새는 하늘을 날지만
하늘에 둥지를 틀지 못한다
끝내 지상에 날개를 접어야 하지만
다시 하늘을 날기 위한 꿈 놓지 못해
잠시 허공에서 쉬는 것이다

풍경

웃는 것은 희망이다
입이 째지게 웃다 보면
평정심을 갖게 되고
평등의 나라에 갈 수 있어
발레리나처럼 균형을 잡을 수가 있다

제4부

생의 절벽을 오르다가
누군가가 밧줄을 끊어
툭, 추락하기도 하거늘

너에게 위로받고 싶다

제상에서도 웃는
돼지를 본 적이 있다
망자를 위로하는 돼지가
우울증에 시달리는
나를 위로하고 있다

빈 그릇

저 빈 그릇에
따스한 밥을 채우기 위해
하루도 쉰 적이 없는 세월

끈질긴 목숨이여,
밥의 무게여,

참 다행이야

오늘도 누군가가 태어나고
누군가가 죽고 가도
멈추지 않는 시간,

그래 난 아직 심장이 뛰고 있어
참 다행이야.

주차금지

며칠째 공터에 세워진 푯말에
개발새발 쓴 글씨
"낼일부터 작업 시작"
함부로 주차된 트럭

인생은 때로 무단주차하는 차

인생이여

늘 길을 쉽게 가는 것이 아니어서
길가다가 날벼락을 맞기도 하는데
생의 절벽을 오르다가
누군가가 밧줄을 끊어
툭, 추락하기도 하거늘

누군가 다녀갔다

간밤에 누군가 다녀갔다

범인은 한 사람
하얀 가운을 입은
천사를 짓밟은 그는
시커먼 발자국을 남겼다

포로

온몸을 결박당한 채
천천히 미라가 되고 있다
그의 몸에서 파도소리가 들려왔다
유영하던 물소리가 들려왔다

죽어서도 썩지 못하는 포로들

겨울 남광주 시장에서

일 년 중 가장 추운 날
시장에 나와 뜨거운 마음 지피고
온몸에 불의 세례를 받고 있다
시린 손과 마음을 비비다가
찬바람 이는 등을 덥히고 있다

별

어두울수록 빛나는 것이
어디 별 뿐이랴
밤에도 뜨거운 마음이 하나가 되어
마음에 등불 하나씩 밝히면
모두가 별이 된다

길

길 끝에서 만나는
언젠가 떠나왔던
그토록 그리운
내가 떠나온 집
시작이며 종착인 길

침묵으로

세한의 아침
몸을 맞대고 온기를 나눌 때
삼종기도 종소리 들으며
결빙 같은 침묵으로
다만, 평화로운 묵상

날이 갈수록

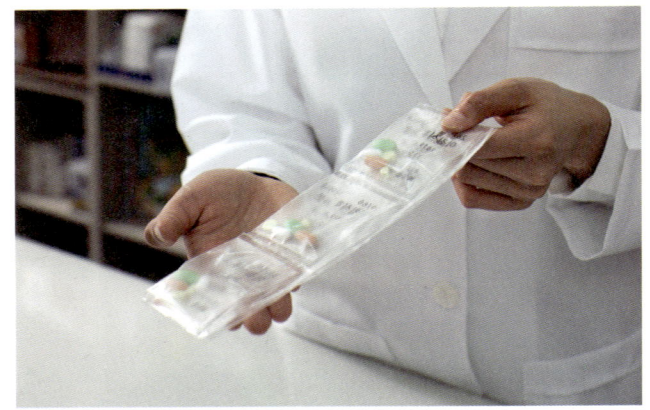

나이 들수록 아픈 데가 많아
어긋난 나의 길을 고치기 위해
병명이 적힌 처방전을 들고
약국 앞을 서성인다.

꽃길을 노래하며

어디만치 왔나,
험한 길 지나
다시 휘돌아진 길을 지나면
질주하는 자동차는 흙먼지를 날리는
아직 멀었나 꽃길을 노래하는데

용산역에서

떠나는 것이 아니라네
길은 또다시 돌아오는 법

지금 나는
그리운 곳으로 되돌아간다네